Las casas de los animales

Cuevas de murciélagos

Rosemary Jennings
Traducido por Alberto Jiménez

Nueva York

Published in 2016 by The Rosen Publishing Group, Inc.
29 East 21st Street, New York, NY 10010

First Edition

Editor: Sarah Machajewski
Book Design: Mickey Harmon
Spanish Translation: Alberto Jiménez

Photo Credits: Cover, pp. 1 (bats), 17 Ivan Kuzmin/Shutterstock.com; cover, pp. 3, 4, 6, 8, 10, 12, 14, 16, 18, 20, 22–24 (rock texture) Juraj Kovac/Shutterstock.com; cover, pp. 1, 3–6, 8, 10, 12, 14–16, 18, 20, 22–24 (magnifying glass) tuulijumala/Shutterstock.com; p. 5 (inset) belizar/Shutterstock.com; p. 5 (main) rogelson/Shutterstock.com; p. 7 kajornyot/Shutterstock.com; p. 9 Wassana Mathipikhai/Shutterstock.com; p. 11 Gunter Ziesler/Photolibrary/Getty Images; p. 13 Gilbert S Grant/Science Source/Getty Images; p. 15 (main) Grigory Kubatyan/Shutterstock.com; p. 15 (inset) Ethan Daniels/Shutterstock.com; p. 19 Fred Bruemmer/Photolibrary/Getty Images; p. 21 Eduard Kyslynkyy/Shutterstock.com; p. 22 Sytilin Pavel/Shutterstock.com.

Cataloging-in-Publication Data

Jennings, Rosemary.
Cuevas de murciélagos / Rosemary Jennings, translated by Alberto Jiménez
p. cm. — (Las casa de los animales)
Includes index.
ISBN 978-1-4994-0604-7 (pbk.)
ISBN 978-1-4994-0603-0 (6 pack)
ISBN 978-1-4994-0598-9 (library binding)
1. Bats — Juvenile literature. 2. Bats — Habitat — Juvenile literature. I. Title.
QL737.C5 J466 2016
599.4—d23

Manufactured in the United States of America

CPSIA Compliance Information: Batch #WS15PK: For Further Information contact Rosen Publishing, New York, New York at 1-800-237-9932

Contenido

El cielo nocturno

Cuando cae la noche y te vas a dormir, un animal se despierta en una casa muy diferente a la tuya. Los murciélagos viven en lugares oscuros y húmedos, en sitios donde nadie querría vivir. Los murciélagos, sin embargo, eligen este **ambiente** porque los ayuda a sobrevivir en la naturaleza.

La mayoría de la gente cree que los murciélagos son seres repulsivos que viven en la oscuridad y en penumbra. Veamos cómo y dónde viven para aprender más sobre ellos.

¿Será este hogar tan siniestro como aparenta? – Veamos.

Mamíferos voladores

Los murciélagos son **mamíferos**. Son los únicos mamíferos que vuelan. Existen más de 1,000 especies, o tipos, en el mundo, y se dividen en dos grupos: los de gran tamaño que comen fruta y los más pequeños que se alimentan sobre todo de insectos.

Los murciélagos se encuentran por todas partes salvo en zonas muy frías, como los Polos. Hay tantos murciélagos en el mundo que se han convertido en animales muy comunes.

Visto desde dentro

Algunos mega murciélagos se alimentan de frutas. Otros se alimentan de néctar. Esto ayuda a que crezcan nuevas plantas debido a la difusión de semillas y la **polinización** de flores.

Los murciélagos de gran tamaño que comen fruta, como el que vemos en esta foto, se conocen como mega murciélagos o zorros voladores. Los pequeños que comen insectos se conocen como micro murciélagos.

El cuerpo del murciélago

Lo primero que distingues en los murciélagos son sus alas; están formadas de piel y huesos. Los huesos son flexibles, lo que les permite mover las alas para volar. La piel que se **extiende** entre los huesos crea una gran superficie que le permite utilizar el viento.

El cuerpo de los murciélagos está cubierto de pelo y es pequeño comparado con el tamaño de las alas. Tienen patas cortas que terminan en garras muy fuertes con las que son capaces de **aferrarse** a algo, generalmente cabeza abajo, por lo cual son conocidos.

Visto desde dentro

Las caras de los murciélagos son diferentes de acuerdo a la familia a la que pertenecen.

Las alas de los murciélagos se asemejan más a las manos de un humano que a las alas de un pájaro. Los huesos de sus alas se mueven como nuestros dedos.

¿Dónde se refugian?

Los murciélagos viven en grandes comunidades llamadas colonias, algunas de las cuales tienen miles o hasta millones de miembros. Los miembros de una colonia comparten el mismo espacio, sin embargo no construyen sus moradas, sino que ocupan **estructuras** ya existentes.

Mucha gente se imagina a los murciélagos en cuevas, pero en realidad pueden vivir en cualquier parte: grutas, troncos de árboles, debajo de los puentes, grietas en rocas grandes o incluso en nuestras propias casas o en graneros.

Esta cueva oscura es el refugio perfecto para los murciélagos.

Escondidos

Los murciélagos eligen sitios que los ayuden a sobrevivir. Son animales nocturnos, lo que significa que duermen durante el día y están activos por la noche. Por lo tanto, su hábitat debe ser un sitio oscuro, tranquilo y alejado de cualquier actividad diurna.

Los murciélagos ocupan lugares apartados para **protegerse**. Las comadrejas, los mapaches y las serpientes son solo algunos de los animales que intentan cazarlos. Si sus depredadores no pueden llegar a ellos, los murciélagos están a salvo.

Mirándola desde afuera, es imposible saber que esta cueva es un hábitat de murciélagos. Si los depredadores no pueden verlos, tampoco pueden comerlos.

Cabeza abajo

Cuando los murciélagos están en su refugio probablemente duermen. Durante el día, las paredes y el techo de su hábitat están cubiertos de murciélagos durmiendo.

Tal vez te parezca curioso ver cómo duermen: algunos se cuelgan cabeza abajo y otros se agarran a superficies duras, como paredes rocosas o troncos de árboles.

¿Cómo se mantienen cabeza abajo o agarrados a superficies toda una noche sin caerse? Las garras en sus patas les permiten aferrarse a superficies sin gastar **energía**, y por lo tanto no les produce cansancio.

Visto desde dentro

Los murciélagos se envuelven en sus alas para dormir.

14

Es posible que las paredes de tu casa estén cubiertas de fotografías o arte, pero las paredes de una colonia de murciélagos, ¡están cubiertas de murciélagos que duermen!

Los sonidos de la caza

Después de dormir todo el día, los murciélagos despiertan para iniciar su noche de caza. Los grandes comen fruta, pero los pequeños se alimentan de insectos que capturan volando en el cielo nocturno.

A los murciélagos les resulta difícil ver los diminutos insectos en la oscuridad. Entonces, ¿cómo pueden localizar sus **presas**? Se sirven de la **ecolocación**: lanzan chillidos de alta frecuencia mientras vuelan, los cuales rebotan en los objetos y vuelven al que los emitió. El murciélago entonces sabe a qué distancia está el objeto y vuela hacia él o lo evita.

Visto desde dentro

De la forma que el sonido regresa al murciélago le da información sobre la forma, el tamaño y la ubicación del objeto.

Los murciélagos pueden emitir sonidos con la boca o la nariz. Este murciélago usa la boca para emitir sonidos que le ayudaran a cazar.

Crías de murciélago

El modo de vida de los murciélagos cambia según las estaciones, así como sus moradas dependiendo de lo que suceda en la colonia. Durante el verano, las hembras se reúnen en un lugar especial, la colonia de maternidad, para tener sus crías; eligen sitios secos y tibios.

La mayoría de los murciélagos tienen una cría al año, pero existen algunas especies que tienen más de una. Las madres permanecen con sus crías durante aproximadamente un mes antes de volver a la colonia pero, si la colonia sufre algún **disturbio**, las madres, atemorizadas, pueden abandonar a sus crías antes.

Esta mamá y crías cuelgan de una cueva en Indonesia.

La hibernación

Los murciélagos hibernan—es decir, duermen profundamente—durante el invierno. Necesitan para ello un lugar fresco donde nadie los moleste. Estos refugios, conocidos como hábitats de hibernación, a menudo se encuentran en lugares bajo tierra, como cavernas.

Ciertos murciélagos no hibernan, sino que en invierno se trasladan a sitios más cálidos. Si el calor se hace excesivo se marchan de nuevo en busca de sitios más frescos. Algunos murciélagos se instalan en los mismos lugares todos los años mientras que otros encuentran sitios diferentes donde vivir cada año.

Los murciélagos que hibernan, duermen pegados unos a otros para mantener mejor el calor.

21

¡Los murciélagos son importantes!

A primera vista, los murciélagos aparentan ser criaturas espeluznantes, pero en realidad hacen un trabajo muy importante. Los pequenõs ayudan a controlar las poblaciones de insectos y los murciélagos más grandes polinizan flores mientras comen.

Podemos ayudar a los murciélagos dejándolos vivir en paz. Necesitan sus refugios para sobrevivir y mantenerse seguros. La mayoría vive en la naturaleza pero, si te encuentras alguno en el ático de tu casa, llama a un especialista en control de plagas. Estos profesionales saben manejar los murciélagos y sus hábitats de una forma segura.

Glosario

aferrarse: Agarrarse muy fuerte a algo.

ambiente: Todo lo que rodea un ser viviente.

disturbio: Alteración de la tranquilidad en cualquier forma o en cualquier sitio.

ecolocación: Uso del sonido que hace un animal para situar objetos.

energía: Capacidad para realizar un trabajo.

estructura: Edificio u otra construcción.

extendido: Estirado, en tensión.

mamífero: Animal de sangre caliente con espina dorsal y pelo corporal, que respira aire y amamanta a sus crías.

polinizar: Llevar polen de unas plantas a otras para fecundarlas.

presa: Un animal cazado por otros a animales como alimento.

protegerse: Velar por la seguridad de uno.

Índice

Sitios de Internet

Debido a que los enlaces de Internet cambian a menudo, PowerKids Press ha creado una lista de los sitios Internet que tratan sobre el tema de este libro. Este sitio se actualiza con regularidad. Por favor, usa este enlace para ver la lista:
www.powerkidslinks.com/home/bats